Michael Reichert

Von der Einsamkeit gedachter Gefühle

Texte & Ideen 1972-1994

Bibliografische Information der Deutschen Nationalbibliothek: Die Deutsche Nationalbibliothek verzeichnet diese Publikation in der Deutschen Nationalbibliografie; detaillierte bibliografische Daten sind im Internet über *www.dnb.de* abrufbar.

Michael Reichert, ›*Von der Einsamkeit gedachter Gefühle*‹
Originalausgabe

Titelabbildung: Shutterstock
Gestaltung & Verlag: Ganymed Edition, Hemmingen
ISBN 978-3-946223-23-8

Printed in Germany

Für Holda,
Sven, Jan, Benjamin,
Anna-Franziska, Nicoline,
Rebekka, Frederieke und Anton

Inhalt

(1972)

Die Galeere 9

Der Lauf 11

(1973)

Abrechnung 13

Also sprach ...? 14

Ego 17

Regenwolken 19

Bericht aus einem Schneckenhaus 20

Vergessen? 22

Spiegel 26

Dialog 28

(1974)

Ich will nicht mehr 35

Erinnerungen an eine Kindheit 36

Flug in die Endlichkeit 40

Endlich 43

Abermass 44

Unwissenheit 46

(1986)

DIE BITTE 50

(1988)

KOMM, SAGTE DER FELS ... 53

VERGÄNGLICH 55

FÜR DICH 57

VERLASSEN 58

(1993)

SACKGASSE 60

DU SOLLST NICHT TÖTEN 62

VERGEBLICH 65

VON DER EINSAMKEIT GEDACHTER GEFÜHLE 66

(1994)

GEWISSHEIT 68

IM DUNKEL 71

An Michael R. 72

DIE GALEERE

bloßgelegte seelen
in die form der zeit gepresst
auf hochgebauten schiffen
das wasser pflügen sie
zerbrochenes leben – innerei
qualvoll arbeitet das leben
fest verbunden mit der peitsche
angekettet an seinen sarg
erwartet es den boten
der ewig erlösenden nacht
in angstschreiender ruhe

Der Lauf

Zertretener Sand
läuft
versucht zu flüchten
beschwert durch den Abfall
der Sommerfrische

Jetzt im Herbst
schwimmt
taucht und atmet an der Luft
im klaren Wasser
und ist glücklich

die Muschel
Im Sommer
wird sie zertreten
oder erstickt
im aufgewühlten Wasser

ABRECHNUNG

Vergewaltigung einer Legende
Unehrbare Müßigkeit im richtigen Augenblick
Verlorener Blick der Sonne über die See
Verdammnis der Fruchtbarkeit der Erde
Vergebenes Klopfen Herrn K.'s an den Toren des
Gesetzes
Vollgestopfte Bücherwände eines Phantasten
Schon bewachsen mit geistigen Bankrottpilzen
Verachtungsfindender Jesus Christus
Verraten durch Urbans und Hitlers Ideale
Und gläubige Sogenanntmenschen
Selbstverstümmelung der Lehre Galileis
Rückschlag der Enzyklika in das Gesicht des Papstes
Verzweifeltes Aufbegehren der unterdrückten Vernunft
Warteschlangen vor den Türen überbeschäftigter Ärzte
Kranke schreiende Kinder in Nord und Süd
Unterdrückung eines Sonnenaufganges
Während nach Sonnenuntergang nichts mehr da ist
Um helfen zu können aus einer Sandkastenfreiheit
Zeitvertreiben vor irgendeinem Wachhäuschen
Durch Grüßen und Hackenzusammenschlagen
Üben und Proben für den Ernstfall
Zapfenstreich einer Menge Unsinn
Macht einen großen Stacheldraht darum
Hängt ein ›Betreten Verboten‹–Schild daran

ALSO SPRACH …?

dieser stein
gefallen aus tausenfachen blüten
kolibrigeschmückten geruchs
weist wege auf das hochplateau
geheilter menschen

ein geheimnis wenigen bekannt
gefunden in den trümmern alter weisheit
getragen in die savanne von einsamkeit
eingebettet im glauben an die sonne
vertrocknet im alles verwaschenden regen

verlebt liegt es im stein von
gewonnenem glück das verwest
mit den tränen ausgedörrter augen
dahinfließt
zu finden das hochplateau

das immer tiefer in den himmel
fällt unerreichbar im glauben
verbissener besserwisser kirchenglocken
stampfenden fabrikschornsteinen
die zeugnis ablegen

für die unfähigkeit
aus trümmern in
orchideen zu springen
um mit kolobris und steinen
eins zu sein

also sprach des menschen einsamkeit
säge den großen baum deiner
lüge säge ihn durch denn
er nimmt dir die luft zu atmen
den platz zu leben

ewig werden wir neiden
werden wir kämpfen gegen
die sinnlosigkeit vergangener
tage die da kommen werden
steine und kolibris zu fressen

gemeinsam mit toten leben
scheintote unserer heiligkeit
die sich da kratzen wo sie
es anderen verbieten –
ihr beweis für geist

so laßt also den baum
wachsen und geht mit sensen
an die orchideen zerstört
euren lebenstag
– mit lust –

die orchideen werden üppiger
duften als ihr
in euren grüften
verlebten lebens
das nie leben war

Amen

Ego

Sterne schreien in der Unendlichkeit
Funkeln verwahrlost
Und entlarven
Meine Winzigkeit

Die Sterne flüstern in der Dunkelheit
Erscheinen unauflösbar – unauslöschbar
In meiner Einbildung
Nach der alles richtig ist

Mancher Stern der sich aufmachte
Meine Einbildung zu zerstören
Zerschellte an ihr
Die maßlos und überheblich sich behaupten will

... und muss
Denn sonst
Zerschelle ich selbst
An ihr

REGENWOLKEN

Manchmal kommen sie näher,
Diese Regenwolken,
Kommen sie näher der zertrockneten Wüste des
Lebens
... scheinbar.
Auch wenn sie da sind,
Bringen sie keine wirkliche Erquickung,
Denn sie leeren sich
Und lösen sich dann
Auf, in nie dagewesenen
Dunst, als wären sie gar nicht
Existent.

Bericht aus einem Schneckenhaus

Manchmal ...
an dunklen Tagen
während der tropischen Hitze arbeitsamer
Geschäftigkeit,

Manchmal ...
in stickigen Nächten
überströmender Nichtworte und gutgemeinten
Leersinnen,

Manchmal ...
in öden Stunden
gespielter Fröhlichkeit und guter Miene,

Manchmal ...
in schwarzen Augenblicken
tatsächlicher Worte und wirklich gesehenen Blicken,

Manchmal ...
wenn Tropfsteine aus geronnenem Blut
über die Erde wachsen und auf den Abgrund weisen,

wenn Töchter Großmütter werden
und tausend kleine Teufel
hämisch die Fäuste

ineinanderreiben und Götter
sich die Fingernägel
säubern,

dann kringeln sich dir die Glieder
dass du zur Schnecke wirst
und dich in dein Haus verziehst!

Da sitzt du nun, erschreckt
die Augen aufgerissen, nicht ein Wort
entlässt du deinen Lippen,

kein: ›Jetzt reicht's‹
kein: ›Verpißt euch!‹,
kein: ›Herr, vergib ihnen!‹,

nichts, nicht einmal
das Grunzen eines Schweines
oder das Gackern eines Huhnes,

kein Hervorschnellen einer Schlange
oder Schneckenschleimen,
nichts, nichts und noch einmal: ›Nichts!‹.

Jeder lässt den and'ren machen,
Worte sind fehl am Platz,
Taten absolut unwillkommen!

Jeder wäscht sich selbst die Hände,
die Weste reinigt sich von allein,
und Scheuklappen wachsen enorm!

VERGESSEN?

Längst vergangene Gefühle
wispern wieder
über dem Moor meiner Gedankenwelt
das mich zu verschlingen droht

Längst vergessene Träume
erwachen wieder
reißen mich in die ruhelose Nacht
der ich eben noch zu entfliehen hoffte

Längst erloschene Worte
lauschen wieder
aus jener Nacht
der verzweifelten Suche

Längst verwischte Bilder
sprechen wieder
Photographien eines Gesichts
ungeschminkter Augen

...
die mir zu sagen scheinen
dass ich verrückt war
bin

Längst erstarrte Bewegungen
schweben wieder
wie der Bussard
dessen Augen nach Beute schweifen

Längst verschüttete Augenblicke
leben wieder
keuchen unter der Lawine
der Zeit hervor

...
erscheinen wieder
beinahe unkenntlich bedeckt
von den Ruinen vergangener Tage

Längst vergessen glaubte ich sie
die plötzlich wieder vor meinen
Gedanken aufersteht ...
und lässt den Film noch

einmal ablaufen
der mir als freche Copy erscheint
so unwirklich und doch wahr
– so selbstverständlich läuft er ab –

bis zum Ende...
... er beginnt von vorn ...
immer wieder
und wieder

noch einmal spielt sie das grausame Spiel
von dem ich nicht einmal weiß
ob sie es dargestellt hat
oder ob ich sie quälte

Längst schon glaube ich an Gespenster
ich bin gezwungen an sie zu glauben
denn wenn das Moor meiner Gedankenwelt
sie endlich alle diese Bilder

Träume
Bewegungen
Augenblicke
Filme

in sich aufgesogen hat
– in entsetzlicher Anstrengung –
stehen sie einfach alle wieder da
wo sie schon einmal waren

... und das Spiel setzt sich grausig fort
und setzt sich fort
Längst überdeckt sind jene Küsse
des Glücks und doch ...

Längst umgeblättert
waren diese Seiten meines Buches
längst zerbrochen
der Krug der ersten Wasser

...
einer schon ausgewachsenen Blüte
die zu altern begann
und doch ...

Längst schon sehe ich mich
in einer selbst angepassten Zwangsjacke
in einem Tresor sitzend.
meine Gefühle.
mit undurchdringlichem Stahl

umgeben
und habe Angst.
die Zahlenkombination
zu vergessen.

Und der Film läuft von neuem.
In der alten Fassung unverändert
Längst ...
    ... und doch

Spiegel

Ein Manipulierspiegel bahnt sich durch die Irrwege
eines rauschenden Gehirns, in dessen Windungen
Hohlspiegel verankert sind.
Und die eigenen Gedanken verzerren.

Spiegel
Spiegel
wer bist du wo

Verzerrt brichst du die Gedanken
hervor, möchtest schreien,
erstickst an ihnen, siehst sie
vor dir zerstreut liegen; sammle sie
auf, schluck sie erneut hinunter,
irgendwann wirst du sie auch verdauen
können, wenn sie genug zersetzt sind.

Spiegel
Spiegel
wer bist du wo

Deine Gedanken sind der Spiegel deiner
selbst. Der Spiegel ist dein Eigenspiegel.
Dein Eigenspiegel ist ein Moralspiegel.
Der Moralspiegel spiegelt konkav

den Seelenspiegel eines zerbrochenen,
zerschlagenen Wasserspiegels. Dein
Wasserspiegel. Er ist einhundertundein Meter
über normal. Uberschwemmt, verwaschen,
wäss'rig sind alle deine Gedanken.

Spiegel
Spiegel
wer bist du wo

Deine Gedanken werden gespiegelt.
Von ihm, ihr, mir,
allen möglichen Leuten. Ein Dein–Mein–Spiegel.
Konkav-, Konvex-, Vexier-, Hohl-,
Rück-, Eigen-, Moralspiegel,
alles nur Spiegelsinn,
verzerrt, zerbrochen, eckig, flüchtig,
gemein, beschönigt, mondgesichtig aberwitzig,
nie aber du, so wie du!

Spiegel
Spiegel
kannst du überhaupt spiegeln?

DIALOG

(Idee: Zwei Menschen ›hoher Bildung‹ sitzen in einem großen Raum und schweigen sich an. Nach einer Weile geht eine dritte Person durch den Hintergrund, die beiden ersten werden geweckt und beginnen folgenden Dialog.)

Ein Mensch!
– *Ein Mensch?*
Ja, ein laufendes Etwas, das sich auf zwei Beinen fortbewegt.
– *Mit Armen schlenkernd?*
Die Wimpern klappt es auf und zu.
– *Bemalt oder unbemalt?*
Traurig blickend
– *Verzweiflung findend, Glauben suchend.*
Wer glaubt an Wen?
– *An Was?*
Womit?
– *Wodurch?*
Begründet?
– *Conversierend!*
Conversation! Manipulation?
– *Geprägt sein,*
Von mir,
– *Von uns!*
Uns?
– *Den Menschen an sich,*

Aus sich!
– Nicht in sich!
Nein, nie in sich!
– Er prägt aus sich hinaus.
Anderes formt er von sich.
– In Einbildung?
In Arroganz?
– Aus Überheblichkeit!
Egoismus!
– Ich liebe dich!
Wie bitte?
– Ja, das ist es, die Liebe!
Was ist das?
– Die Form!
Mit der wir prägen?
– Mit der wir egozentrieren.
Andere und uns selbst beeinflussen?
– Zum Punkt machen, um den wir kreisen,
Um selbst Punkt zu sein!
– Selbstbestätigung!
Selbstsüchtig?
– Selbstzerstörerisch!
Selbstständig unselbstständig werden
– Umsichtig?
Aber blind!
– Abgrundtief
Sobald wir erkennen, was Liebe ist!

– Das Gegenteil von Wissen!
Bildung!
– Kromatingerüst eines Geistes.
Programmiert?
– Von Gefühlen!
Geprägt!
– Gepresst!
Abgeschliffen!
– Ein Diamant!?
Aber geschliffen. Zum Wert gemacht.
– Von uns!
Uns?
– Den Menschen an sich!
Aus sich!
– Nicht in sich.
Nie in sich?
– Nur in Ansätzen.
Menschsein?
– Ein Versuch!
Tier sein?
– Geht nicht!
Beweise!
– Ist schlüssig in sich selbst!
Gehe voraus, ich komme gleich
nach, in dem ich die deinem
Weg entgegengesetzte Richtung
einschlage!

Richtung?
– Festgelegt im Kompass.
Weg?
– Meist ungeebnet.
Also festgelegt,
– Aber ungeebnet!
Gepflastert mit Interpretationen!
– Wer interpretiert?
Jeder, zu viel!
– Nach welcher Methode?
Was gut riecht, schmeckt auch gut!
– Wer bestimmt den Geschmack?
Der Egoismus!
– Also die Liebe?
Falsch!
– Wie bitte?
Falsch. Der Egoismus ist der Boden, auf den die Liebe fällt!
– Und die Gefühle?
Was ist damit?
– Ja, worauf wachsen sie?
Gefühle wachsen nicht!
– Gefühle kommen also?
Und gehen wieder.
– Spontan?
Periodisch spontan
– ??

Wenn sie kommen, fängt eine neue Periode an.
– Eine neue Seite wird umgeblättert?
Ist schon umgeblättert worden.
– Laut Interpretationsmethodik!
Laut Egoismus.
– Interpretation ist also ...
... Egoismus!
– Ja, was ist denn nun Egoismus?
Interpretation.
– Und Liebe?
Glaube!
– Wer glaubt denn?
Wer glaubt an Wen?
– An Was?
Womit?
– Wodurch?
Begründet?
– Conversierend!
Conversierend mit dem Egoismus,
– Der der Boden der Liebe ist,
Die interpretiert wird.
– Wobei die Interpretation Glaube ist!

Liebe ist also interpretierter Glaubensegoismus?
– *Also unwirklich!*
Liebe ist Meinung!
– *Manipulierbar!*
Manipulierbar interpretierte Glaubensmeinung!
– *So nicht existenzfähig!*
Aber sie ist doch vorhanden.
– *Sagt man.*
Man sagt, von Gott gegeben.
– *Gott ist Glaube!*

ICH WILL NICHT MEHR

Ich will keine gefleckte Erde mehr
Von den Wassern der Ozeane
Die von Teeblättern umspült
Das Weite des Alls suchen

Ich will keine moosbefleckten Steine mehr
Aus dem Land hinter der Flusskrümmung
Das geheimnisvoll hinter mir
Vor Wut brodelt und kocht

Ich will keine rötlich gekochten Hummer mehr
Von den verheuchelten Händen einer Nicht-Natur
Die versucht Besseres zu schaffen als das
Was im Hinterland schon mondelang existiert

So gibt es nichts und niemanden
Der uns den Weg hinaus sagt ins Unendliche
Wo rosengeschmückte Anemonen
Auf Murmeltierlöwen reiten durch
All und Erde Sommer und Winter ohne
Zu leiden an Frost und Schweiß

ERINNERUNGEN AN EINE KINDHEIT

ein bild von göttern
ein strauss gesiebter
eine vase glücks
ein auge voller tränen

gemeinsames glück am seidenen faden
lebenslänglich ohne netz
begraben mit doppeltem himmel

seelische beute im rauchfang
gepöckelte zweisamkeit
gepflegten unglücks
in reime gepferchte liebe

kämpfende geister
angegriffen von dämonen
ausgelöscht von einer fata morgana
erzählten glücks

erzähl mir von meiner winzigkeit
und der größe des nichts
von gestängen und geräten
apparaten und knöpfen
von gekröse und hirn
von lachenden augen und fröhlichem käse
von melonen und feigen
von feiglingen und helden
erzähle die geschichten und vergiß sie dann

zeige was du hast
trage deine last
immer weiter mit
oder ohne hast
nur wer haßt kann lieben
nur wer liebt kann schweigen
nur wer schweigt kann leben
wer nur lebt ...

frage die fußstapfen deiner vernunft
sie werden dir zeigen wie alt du schon bist
hoch alt und weise
so steh 'n sie erhobenen fingers da:
ein bild von göttern
ein strauss gesichter
eine vase glücks
ein auge voller tränen

dieser traum aus warnungen
diese erinnerung voller drohungen
dieser spiegel von alkohol und dunklen gräbern
alle geben sie die versicherung
gelebt zu haben
ermahnen an das weitermachen
bis an das ende der straße
dem anfang der dampfenden modergruben
in denen gebückte greise schatten
den rest suchen
der ihnen den rest gibt

verzeihe heiliger vater
der du sitzt auf unrat
und fäulnis
hier ein schlag und dort ein knüppel
hier eine kugel und dort eine bombe

gib mir feuer

FLUG IN DIE ENDLICHKEIT

widersinnig grinsende wolkengesichter
wiegen sich scheinbar harmlos
über karl-eduards wiese
karl-eduards wiese wiegt viel –
mehr als die armen angebundenen
drachen mit den aufgeblähten gesichtern
verdammt als marionetten in den händen
von kindern
die nichts ahnend
ihre drachen weit über den horizont
schicken und die nach liebe schreien
und aussehen wie steine
sorgenvolles gesicht karl-eduards
dem pantoffelhelden seiner mutter
und liebhaber seiner onkel und tanten
dem schwanz-
wedler von der reeperbahn

dammwild überläuft in rudeln die wiese
fällt die kinder an
befreit die drachen von ihrer fessel
und lässt sie zu kleinen
nichtigen punkten werden
als boten einer zeit
verspielter gesellschafter
und direktoren

entertainer einer so wunderbar dekadenten liebelei
mechaniker einer so frechen mördergeneration
handlanger einiger so prächtiger formeln
am ende selbst-los toten die
lieber einen strick
als die macht hätten
bemühen sollen

um herr der wiese zu werden
braucht es mehr als bloße macht
denn armselig sind diese
drachen nicht – nur weit weg
ahnung der vergangenheit
wissen der vergessenheit
glaube der unwichtigkeit
hoffnung der widersinnigkeit
alles einen augenblick offengelassen
und dann weggespült
um über den weg der kanalisation
die stadt zu verseuchen
und den liebenden syphilis zu bringen
geschundene glückseeligkeit
gequetschte dreifaltigkeit
wichsende päpstlichkeit
die welt befindet sich in anderen
umständen
erregtes umherlaufen bewusster passanten:

was mag da kommen?

die unbedenkliche sicherheit zukünftiger schritte
hat manchem schon das genick gebrochen
aber wen stört das schon

die drachen jedenfalls sind weg
und sie wären schön dumm
kämen sie wieder

ENDLICH

endlich sind sie wieder da
herbeigeeilt aus der mitte des lebens
um den nebel verlorener tage
und stunden zu vertreiben
widerwillig nur enthüllt er
der dinge wundervolle schönheit
zäh nur fließt er dahin
und geht seines weges
aber er geht gibt den blick
frei für den duft des lebens
hebt seine kalte band
von der zerfrorenen erde
lässt luft unter das beinahe tote leben rieseln
endlich sind sie wieder da
halten große palaver in den bäumen
und erzählen von ihrer großen mühevollen reise
flattern und singen umher
und suchen nach dem plätzchen
ihres glücks um ihre botschaft vom leben
und lieben
weiterzuvererben

ABERMASS

stoff –
auf dem ihr steht
trouble –
den ihr habt
all das geht an mir vorbei
wird verwandelt in ... ?
  gegensatz
    trauerspiel
      charly chaplin
    komödie
  genau dasselbe
all das
geht vorbei
an euch
die ihr zu euch selbst
im traum redet
und vergessend in euch
auf-
und abnehmt

die säge über der brat-
pfanne verdunstet
steil auf den horizont ge-
legt
sägt sie dem wasser
den sauerstoff durch

wasserleichen
fliegen durch einmachgläser
auf die ihr als gummis ge-
legt werdet als schutz
gegen nicht-befruchtung
eurer selbst
euch ist die durchgesägte luft ent-
zogen worden als ihr in das tütchen ge-
kotzt habt
um zu zeigen wer ihr seid
und was in euch steckt

meter ist die einheit für sekunde
und die kokosnuss wird immer
von dir zerfressen werden
denn du bist adam
und hast eva im paradies gejagt

und die flüchtlinge waren
den verfolgern auf der spur
liebten sie fraßen sie auf
nahmen sie gefangen und
steckten sie in das loch
das in der freiheit ist

UNGEWISSHEIT

trauerschleier umhüllen den tag
triumphierend nebeln sie umher
versuchen mit ihren tausend armen
den tag die nacht zu ergreifen
den schmetterling der verlassen
seine blüte sucht

steine fallen aus baumkronen
treffen auf wolken
nichts widersteht ihnen
zerstäubt flüchtet alles in das nichts
eines tages der nie enden will
und immer überrascht wird

von der nacht deren klang
kläglich aus der ferne herübersieht
deren augen sich mit tränen füllen
in denen die stimme ertrinkt
die einst so beruhigend
in den schlaf sang

dessen arglosigkeit beruhigte
der seine weiche hand
auf meine müden Augen legte
und ihnen den winzigen moment
erholung schenkte
den kleinsten augenblick ruhe

vor einer brandung
die brutal von einem
festgewachsen vorstellungsfelsen
in das offene meer
der verlorenheit
zurückgeworfen wurde

in dem ich zu schwimmen scheine
und in dem ich zu verdursten glaube
vielleicht schon ertrunken bin
ohne es auch nur zu ahnen
ich beginne zu strampeln
wie ein kleiner hund

den irgendetwas loswerden wollte
und dem ein stein
an die beine gebunden wurde
damit er in die tiefe gezogen wird
doch irgendwie löste sich der Stein
und ich schwimme unbeschwert

doch in einem unendlich scheinenden meer
der unwissenheit
die mich umspült
und mir jeden moment
monoton ins ohr flüstert
wie klein und unscheinbar ich bin

sollte ich irgendwann einmal
einen strand finden
werde ich abgespült sein
meine einbildungen werden abgeschliffen im meer liegen
und der tag wird sich

auf den abend freuen
und die nacht auf den ersten
sonnenstrahl sehnsüchtig warten
um sich ausruhen zu dürfen
von der verbrachten anstrengung
anderen Schlaf zu geben

steine werden beruhigt einen widerstand
gefunden haben der sie in ihrem
endlosen Fall sanft aufgefangen hat
gleich dem schmetterling der die blüte
gefunden hat die ihm leben und
sicherheit schenkt

Die Bitte

Licht muss in meine Seele
Wie die Sonne auf das Feld
Blut in mein Herz
Damit ich Gnade ahnen kann
Mein Geist verlangt nach Reinheit
Mein Durst nach klarem Wasser
    Schwimmen möcht' ich in den Fluten
    Träumen nur im tiefsten Gras
    Honig möcht' ich für mein Leben und
    Nach Milch steht mir der Sinn
    In der Brandung steh'n und
    Nach den Gipfeln greifen

Alles alles ganz und gar
Opfer sein und errettet
Tot und zu neuem Leben aufersteh'n
Langmut haben und auch Hitze
And're zu entflammen
Selbst verbrennen dankbar sein
    Schwimmen möcht' ich in den Fluten
    Träumen nur im tiefsten Gras
    Honig möcht' ich für mein Leben
    Nach Milch steht mir der Sinn
    In der Brandung steh' n und
    Nach den Gipfeln greifen

Im Kreuz verschwinden
In Liebe versinken
Geborgenheit neu fühlen
Zuversicht im Herzen wissen
In der Gnade ganz verbrennen
Sorgen in den Sarg getan
    Schwimmen möcht' ich in den Fluten
    Träumen nur im tiefsten Gras
    Honig möcht' ich für mein Leben und
    Nach Milch steht mir der Sinn
    In der Brandung steh'n und
    Nach den Gipfeln greifen

Herr deine Liebe brauche ich
Deine Gnade ebenso
Deinen Glauben doch erst recht
Von deinem Opfer ganz zu schweigen
Und dein ew'ges Leben auch dazu
Herr ich brauch' dich ganz und gar
    Schwimmen möcht' ich in den Fluten
    Träumen nur im tiefsten Gras
    Honig möcht' ich für mein Leben und
    Nach Milch steht mir der Sinn
    In der Brandung steh'n und
    Nach den Gipfeln greifen

Hab' ich aufgehört zu handeln
Geht's bei dir erst richtig los
Sterben um zu starten
Vergeh'n um aufzusteh'n
Vergib du mir
Ich glaube dir

Herr deine Liebe brauche ich
Deine Gnade ebenso
Deinen Glauben doch erst recht
Von deinem Opfer ganz zu schweigen
Und dein ew'ges Leben auch dazu
Herr ich brauch' dich ganz und gar
Ja ich brauch dich ganz und gar

Komm sagte der Fels und schloss ihn in sich ein

Versteinert
Starr
Ragt er über uns hinaus

Tod
Verzweiflung
Liegt in der Taiga unseres Lebens

Ein Stein
Ein Brocken
Inmitten der Herzkammer

Verstopft
Versperrt
Den Weg zum Leben

Unser Herz
Unsere Mitte
Ein Fels aus Unbarmherzigkeit

Wann
Wie
Wird aus Stein Fleisch

VERGÄNGLICH

Kranke Bilder werden zum Geschwür
Geschwüre binden den Tod ins Leben
Das Leben haucht den Sensenmann an
Geht über zur Ewigkeit

Tote Männer
Tote Frauen
Und Kinder gehen ins Grab
Auf den Gräbern wächst das Leben

Mächtige schlagen
Kranke und Unschuldige
Schlagen Weise ans Kreuz
Aus dem Kreuz wächst neues Leben

Unwissend lehren wir unsere Kinder
Unfähig lieben wir unsere Frauen und Männer
Willfährig sind wir Schuldige von Geburt an
Uber die Schuld legt sich Gnade

Unwürdig der Gnade
Unfähig der Liebe
Bar der Hoffnung
Greifen wir durch das Kreuz zum Leben

Für Dich

Farben möcht' ich setzen
Einen Rausch erleben
Du bist mein Leben
Mein Tod meine Kraft
Von Gott bist du mir gegeben
Dich hab' ich mir erwählt
Meine Klarheit bist Du
Setzt mich
Immer wieder
Auf den Weg

Farben möcht' ich setzen
Einen Rausch erleben
Deine Augen sind der Zweifel
Wenn ich tanze
Sind
Voll Liebe
Wenn ich Dir vertrau'

Lieb' mich weiter
Verlier' nicht die Geduld
Ich möcht' Dir alles geben
Und ich tu's so ich kann
Stück für Stück
Wirst Du so ich
Stück für Stück
Werd' ich so Du
Dass wir beide Farben setzen
Einen Rausch erleben

Verlassen

Hektik fließt aus meinem Herzen
Ruhe strömt hinein
– wenn ich mich verlass'

Lüge lässt von meiner Seele
Wahrheit wird mein Stab
– wenn ich mich verlass'

Dürre bricht aus meinem Geist
Zur Oase rast er dann
– wenn ich mich verlass'

Aller Schaden geht zu Ende
Nichts Schlechtes setzt sich fort
Kein Gift wird mehr versprüht
Kein Nektar mehr vergeudet
Jedes findet seine Ordnung
Liebe ist das oberste Gebot

– wer sich fest verlässt
Dem fließt Hektik aus dem Herzen
Bei dem kehrt Ruhe ein

– wer sich fest verlässt
Des Seele ist gefeit
Sein Stab wird Wahrheit sein

– wer sich fest verlässt
Des Geist ist nie mehr Dürre
Eine Oase wird er sein

Wenn er sich verlässt
Auf den
Der diese Dinge
Geschehen lässt

Sackgasse

Immer noch bleibe ich
Versuch' es nur vergeblich
Immer noch so wie ich immer war
Verändern ist mir schier ein Graus

Genese nie von dieser Krankheit
Die auch Gewohnheit heißt
Erstarren lässt sie Augen
Glieder und Gedanken

Die Sehnsucht heißt mich
Durch das Gitter schau'n
Verpönt ist hier gesiebte Luft
Ein Treppenwitz

Bilder fliegen auf mich zu
Saugen mich in ihr Menue
Pape eß' ich Leinwand
Oel und Rahmen

Palmen will ich
Harmonie
Psalmen freß' ich
Idiotie

Ich will anders
Doch nur wie
Ich will raus hier
Doch wohin

Gerne schimpf' ich
Doch mit wem
Krieg' die Kurve nicht
Bleib' auch nicht steh'n

Quantensprung
Hüpf den Sack
Bring' mich über meinen Schatten
Schämenhaftes Wesen.

Warum immer ich
Will doch nur das Leben würzen
Muss mir jemand Salz noch geben
Oder hab' ich es in mir

Du sollst nicht töten

nachdem unsere väter
ihre kinder belogen haben
und die kinder sich
von ihren vätern haben
belügen lassen
und die väter mit den
kindern in den krieg
gezogen sind der ehre
und der lüge wegen

nachdem unsere priester
ihre schäfchen haben glauben lassen
und die schafe un-
bedingt glauben wollten
und die priester mit den
schafen dem krieg geglaubt haben
dass er da sein muß
des glaubens und
der ehre wegen

nachdem die lehrer
ihren schülern den hass gepredigt
und die schüler den hass
mit ehrerbietung geerntet

und die lehrer ihre schüler
in den krieg geschickt haben
um von ihm gefressen
zu werden des hasses
und der ehre wegen

nachdem die reichen
die armen zu kriegsanleihen verkauft
und die armen die veräußerung
als gottgegeben hingenommen
und sich haben gefangen nehmen
lassen in dem felde
der pflicht und treue
des selbstbetruges
und des profites wegen

nachdem wir alle
uns immer wieder belügen lassen
der lüge mit verehrung begegnen
die suche nach wahrheit vergessen
und uns entrüsten
entsetzen
und beschimpfen
der entschuldigung
und des alibis wegen

VERGEBLICH

der gang war lang und schwarz
beidseitig nicht zu öffnende türen
nur durch das licht zu sehen
das hinter ihnen gleißte

wollte der wind
riß eine der türen kreischend auf
und enthüllte ein grelles geheimnis
geblendet hob er den arm

gefrostet gewahrte er sich selbst
kahl geworden – zu seinen füßen
verrostete blätter seines lebensbaums
dahingewelkt durch den haarsträubenden

leichtsinn zurückgehaltener gefühle
einer zwangsjackenden erziehung
die liebe tötet
die ihn umschlang

nach innen wendet
ihn zwingt nur noch zu sehen
durch knochen und fleisch
seine seele ausgestülpt –

geregnete trauer schlägt
die tür ihm zu –
gewohnheit
regiert weiter

Von der Einsamkeit gedachter Gefühle

Die Gegenwart hat nur einen kurzen Gegenwert
Und die Vergangenheit steckt ihre Halbwertzeit
Immer in die bessere Zukunft hinein
Macht dem ewigen Gestern den Hof

Die Liebe scheint trügerisch vegänglich
Und die Verzweiflung bahnt sich immer ihren Weg,
Um die Hoffnung zu vergiften.
Damit wir ewig Trauernde sind

Im Dienste des Todes –
Schwarzes Loch der Vernunft –
Warum zerfallen wir immer
In tausend kleine Trauern

Nimmerglühender Werte
nutzlos gedachten Lebens,
Schmachtender Bewertungen
selbstgefertigter Collagen?

Unsere Magie hat einen dicken Bauch bekommen
Und der Tanz ist steif geworden,
Verschwunden aus der Welt jeglicher Freude!
Die ätzende Schärfe des Wortes Schwert

Hat Scharten gelitten;
Usus ist wahrlich kein Schleifstein!
Die Illusion ist abgeträumt.
Wünsche verwandeln sich zum Alp!

Wer hat die Gegenwart verhext?

Gewissheit

Oh, lass mich werden, was
ich
eigentlich
bin
sein, wie ich
ohne Angst wäre
mit ganzer Kraft
ich wünschte
ein ruhiger Mann
zu sein
der einen Garten hat
mit blühenden Bäumen
Gemüse und immer-
blühenden Blüten
der abends nach Hause
kommt und seine Kinder
umarmt sie in sich
trägt
und ihre Schmerzen
lindern kann
ihr Glück sieht

der seine Frau tragen
kann in jedem Moment
ihr Schulter ist

und Stütze
Kraft hat vor ihr zu
steh'n und die
Freiheit ihr nicht nimmt
Gern' wär' ich dieser Mann
doch bräucht' ich Hilfe
denn ich bin er nicht
Brauch' die Kraft
von
einem
der sie hat
Auch weiß ich
einen
der
sie verschenkt
ganz umsonst und
unendgeldlich frei
Muß mich nur hinwenden
zu ihm
zu ihm allein
er
ist meine Kraft
meine Quelle und
meine Freude
Mein Glück dass
ich ihn kenn'

IM DUNKEL

Im Dunkel eines apokalyptischen Tages
erwarte ich ein Licht
das das Ende bezeugt
und einen neuen Anfang
mich herausreißt aus dem Sumpf
erlogenen Lebens
und ka ...
kata ...
pult ...?
...!
ka-ta-pul-tiert
in der Engel Sterne
mich fähig macht
endlich
diese damm'lige Spülung
von 'ne Toilette
zu reparieren

An Michael R.

Jetzt, da ich Deine Gedichte und Gedanken für den Druck aufbereite, fehlst Du mir noch mehr. Jetzt, da ich Dich intensiv ›lese‹, erfahre ich Dich ganz anders, überraschend anders. Jetzt möchte ich vieles fragen. Weil mir manche Stelle dunkel bleibt. Weil ich gern wüsste, was dahintersteckt. Ob da nicht noch mehr Texte sind (waren). Warum Du nach 1994, in den 25 Jahren seither, keine weitere Sammlung von Texten zusammengestellt hast, die eine Fortsetzung dieser Texte gewesen wäre. Oder – hast Du?*

Dann würde ich Dir gern sagen, was mir besonders gut gefallen hat. Davon gibt es vieles in diesem schmalen Bändchen. Und Dich fragen, ob Du eigentlich einverstanden wärst mit dem Titel, den ich aus Deinen Gedichten ausgewählt habe. ›*Von der Einsamkeit gedachter Gefühle*‹ – mir scheint das ebenso poetisch wie passend. Und dabei ignoriere ich bewusst, dass Du ja ursprünglich einen anderen Titel für Deine in kleiner Auflage vervielfältigte Ausgabe hattest.

---

* Es gibt eine weitere Sammlung: ›*Texte von Michael Reichert mit Zitaten aus der Heiligen Schrift*‹. Aber das sind eher Essays, kleine Abhandlungen, etwas ›ganz anderes‹ halt.

Michael Reichert (1954-2019)

›Schnittchen‹[*] stand auf dem Deckblatt. Ich habe Dich nie gefragt: Warum dieser Titel? Bei unserem letzten Treffen, als wir zwar intensiv kommuniziert haben, aber Du nicht mehr sprechen konntest, war es dafür zu spät. Ich konnte Dich noch fragen, oh ich Deine Texte herausbringen darf. Du konntest zustimmen. Eindeutig. Mehr ging leider nicht mehr.

Aber wir haben uns noch einmal echt erreicht.
Dafür bin ich dankbar.
Daran denke ich jetzt.

---

* ›*Schnittchen aus zweiundzwanzig Jahren. Texte, Ideen von Michael Reichert 1972-1994*‹, Hamburg 1994. Die hier vorgelegte Fassung folgt wort- und satzgetreu dieser Erstausgabe. Daraus erklären sich auch einige Eigentümlichkeiten der Orthographie, der Satzstellung und des Satzes.

›*Wenn Du Lust hast, gib mir ein Echo*‹ hattest Du mir per Hand auf das Vorsatzblatt Deiner Textauswahl geschrieben, die mich im Dezember 1995 mit fast einem Jahr Verzögerung erreichte. Habe ich das eigentlich getan? Habe ich Dir ein Echo gegeben? Ich meine: so richtig? Ich fürchte: nein. Weil wir ja immer alle so *busy* sind. Weil wir so schnell über manches hinweglatschen, was anderen wichtig ist.

Dabei haben wir beide oft in all den Jahren danach gesprochen, lang und breit, über Gott und die Welt. Vor allem über Gott und die Welt. Weil die Glaubensfragen für Dich immer sehr zentral waren. Neben all dem, was Deine Familie betraf. Und doch: Was Du in Deinen Texten verarbeitet hast, verarbeiten wolltest, darüber haben wir höchstens zufällig gesprochen.

Aber so ist es leider oft. Das Wesentliche bleibt ungefragt und ungesagt. Du schreibst davon. Das ist eines Deiner Themen, etwas, das immer wiederkehrt in Deinen Texten. So wie versäumte Gelegenheiten, nicht erkannte Möglichkeiten, scheiternde Verständigung, Schuld, aber auch Hoffnung (fragil), Liebe (von Herzen) und Glaube (zutiefst). Und wo bleibt Dein lakonischer Humor? Der kommt in diesen Gedichten etwas zu kurz. Aber er steckt ›*Im Dunkel*‹ (S. 71). Und in der Geschichte mit den Drachen (S. 42):

›*die drachen jedenfalls sind weg*
und sie wären schön dumm
kämen sie wieder‹

(A.B., im Dezember 2019)

24. Mai 2019, anlässlich der Beerdigung von Michael im engsten Kreis seiner Familie.
Ort: ein Friedwald unweit von Hamburg

›Dies hier ist ein besonderer Ort. Er ist es, weil viele von uns noch nicht daran gewöhnt sind, dass Beerdigungen auch so aussehen können.
In der Natur.
Mitten im Leben.
Nicht mitten im Tod.
Aber dieser Ort ist auch deswegen besonders, weil es Michaels Ort ist. So wollte er es haben. So hat er es sich gewünscht. Und so hat seine Familie, so haben seine Kinder es gemacht.
Was wohl die wenigsten von uns gewusst haben: Dieser Ort, dieser Friedwald, hat unmittelbar zu tun mit Michaels Glauben.
Woher wir das wissen können?
Nun, er hat es uns gesagt.
Er hat uns das hinterlassen.
In einem Manuskript mit dem Titel ›*Texte von Michael Reichert mit Zitaten aus der Heiligen Schrift*‹. Hier hat er zu vielen Themen, die ihn beschäftigten, seine Gedanken niedergelegt, von A bis Z, buchstäblich. Und unter ›G‹ finden sich seine Gedanken zum Stichwort ›Glauben‹, die ich jetzt mit Euch teilen möchte:

›Gibt es ein Symbol für den Glauben? Für mich schon. Die Bäume sind für mich ein Symbol des Glaubens. Warum?
Sie sind standhaft. Sie verwandeln durch ihre Blätter das Gift Mammons (...) in gesunde Luft, die uns ins Leben bringen kann. (...) Bäume führen keine Kriege, quälen niemanden, bringen keinen um. Sie wachsen in die Höhe zum Himmel und je mehr ihre Wurzeln in die Tiefe der Erde – Dunkelheit, Vergangenheit – wachsen, desto stärker, größer, klarer werden sie.
Für mich genauso wie der wahre Glaube, geschenkt vom Göttlichen Wesen.‹

Ihr seht: Dieser Wald, dieser Baum, ist ein Symbol des Glaubens, ein Ort des Glaubens, mindestens für Michael.
Warum nicht auch für uns alle?‹

(A.B.)

›memorabilia‹

Unter diesem Namen entwickeln wir eine besondere Buchreihe. Hier erscheinen vorzugsweise Lebenserinnerungen oder Sammlungen von Lebenserfahrungen, Memoiren, Erzählungen, Gedichte – in jedem Fall sehr persönliche Bücher, deren Autoren sich eine seriöse verlegerische Betreuung wünschen: vom Lektorat über das Korrektorat bis hin zum Layout. Gern schicken wir Ihnen als Muster ein aktuelles Exemplar zu.

›memorabilia‹

So hieß die lateinische Übersetzung eines berühmten Werkes des antiken Historikers Xenophon, der im 5./4. Jahrhundert v.u.Z. lebte. In seinen ›memorabilia‹ versammelte Xenophon Erinnerungen an den legendären Philosophen Sokrates, dessen Zeitgenosse er war. Daraus entwickelte sich eine Gattungsbezeichnung für Sammlungen von ›Denkwürdigkeiten‹ an Personen oder historische Ereignisse.

Kontakt

memorabilia,
c/o Ganymed Edition
Deveser Straße 3
D– 0966 Hemmingen

Mail: contact@memorabilia– ed.de